BEI GRIN MACHT SICH IHR WISSEN BEZAHLT

- Wir veröffentlichen Ihre Hausarbeit, Bachelor- und Masterarbeit

- Ihr eigenes eBook und Buch - weltweit in allen wichtigen Shops

- Verdienen Sie an jedem Verkauf

Jetzt bei www.GRIN.com hochladen und kostenlos publizieren

Bibliografische Information der Deutschen Nationalbibliothek:

Die Deutsche Bibliothek verzeichnet diese Publikation in der Deutschen National-
bibliografie; detaillierte bibliografische Daten sind im Internet über http://dnb.d-
nb.de/ abrufbar.

Impressum:

Copyright © 2006 GRIN Verlag, Open Publishing GmbH
Druck und Bindung: Books on Demand GmbH, Norderstedt Germany
ISBN: 978-3-668-09042-2

Dieses Buch bei GRIN:

http://www.grin.com/de/e-book/123422/das-verhaeltnis-der-geschlechter-im-prozess-
der-zivilisation-von-norbert

Andrea Fiedler-Boldt

Das Verhältnis der Geschlechter im "Prozess der Zivilisation" von Norbert Elias und in den "Männerphantasien" von Klaus Theweleit

Die Entstehung des Panzers gegen die Frau

GRIN Verlag

Ruhr-Universität Bochum
Historisches Institut
Übung: Norbert Elias' Zivilisationstheorie

Referat

„DIE ENTSTEHUNG DES PANZERS GEGEN DIE FRAU"

DAS VERHÄLTNIS DER GESCHLECHTER

IM „PROZESS DER ZIVILISATION" (NORBERT ELIAS)

UND IN DEN „MÄNNERPHANTASIEN" (KLAUS THEWELEIT)

Andrea Fiedler-Boldt
Geschichte, Politik, Wirtschaft und Gesellschaft

INHALTSVERZEICHNIS

In dieser Arbeit beschäftige ich mich mit dem Verhältnis der Geschlechter zueinander, zum einen in der Zivilisationstheorie Norbert Elias', zum anderen in den „Männerphantasien" von Klaus Theweleit. Ich werde untersuchen, wie beide die Rolle der Frau in der Gesellschaft verstehen und welche Entwicklung im Frauenbild und im Verhältnis der beiden Geschlechter zueinander sie aufzeigen.

Dabei wird es sich hauptsächlich um die Entwicklungen vom späten Mittelalter bis zum 17./18. Jahrhundert handeln, in denen die Rolle der Frau, und das Verständnis von ihrer Rolle, einigen Schwankungen unterworfen war: auf eine Phase der Monogamisierung der Beziehung zwischen Mann und Frau ab dem 15. Jahrhundert folgte eine Phase der Sexualisierung der Frau im 17. und 18. Jahrhundert.

Wie beurteilen Klaus Theweleit und Norbert Elias diese Entwicklungen und welche Erklärungen führen sie an? Klaus Theweleit geht in seinen „Männerphantasien" einige Male direkt auf Norbert Elias ein. Welche Kritik übt er an Elias? Sieht er andere Gründe für die Entwicklung des Geschlechterverhältnisses?

2 NORBERT ELIAS UND „DER PROZESS DER ZIVILISATION"

Norbert Elias stammte aus einer deutsch-jüdischen Mittelschichtenfamilie. 1915 meldete er sich freiwillig zum Kriegsdienst. Nachdem er an der Front zusammengebrochen war, wurde er in die Heimat zurückgeschickt, wo er den Dienst als Sanitätssoldat weiterführte. 1919 wurde er aus dem Kriegsdienst entlassen. Parallel zu seinem Kriegsdienst absolvierte er ein Medizinstudium, das er allerdings zugunsten der Philosophie abbrach. Nach seiner Promotion 1924 begann er ein Soziologiestudium in Heidelberg. 1929 folgte er Karl Mannheim als dessen Assistent an den Lehrstuhl für Soziologie nach Frankfurt. Dort arbeitet er an seiner Habilitationsschrift „Der höfische Mensch". Nach der Schließung des Instituts in Frankfurt ging Elias im Jahr 1933 nach Frankreich, von wo er zwei Jahre später einem Studienfreund nach Cambridge folgte. In London baute er seine Habilitationsschrift weiter aus und entwarf ein Modell des Zivilisationsprozesses. 1939 wurde „Der Prozess der Zivilisation" schließlich veröffentlicht. Nach seiner Zeit in einem Internierungslager war er bis 1954 in der Erwachsenenbildung an der Universität London und als Dozent in Leicester tätig. 1961 übernahm er den Lehrstuhl für Soziologie an der Universität von Ghana.

In seinem bedeutendstem Werk, dem „Prozess der Zivilisation", beschreibt Elias die Entwicklung der Zivilisation. Nach Elias wohnt dem Prozess der Zivilisation eine ganz bestimmte Richtung inne. Er beschreibt, „wie etwa von den verschiedenen Seiten her Fremdzwänge sich in Selbstzwänge verwandeln, wie in immer differenzierter Form menschliche Verrichtungen hinter die Kulisse des gesellschaftlichen Lebens verdrängt und mit Schamgefühlen belegt werden, wie die Regelung des gesamten Trieb- und Affektlebens durch eine beständige Selbstkontrolle immer allseitiger, gleichmäßiger und stabiler wird."[1]

---

[1] Elias, Norbert: Über den Prozess der Zivilisation, Amsterdam 1997, Bd.II, S.324.

Der Gang des geschichtlichen Wandels wird nach Elias von einer dynamischen Verflechtungsordnung („Figuration") bestimmt; „sie ist es, die dem Prozeß der Zivilisation zugrunde liegt."[2]

Das Prinzip dieser Verflechtungsordnung ist recht einfach: „Pläne und Handlungen, emotionale und rationale Regungen der einzelnen Menschen greifen beständig freundlich oder feindlich ineinander."[3] Daraus ergibt sich jedoch auch vieles, „was kein Mensch bei seinem Handeln eigentlich beabsichtigt hat."[4] Diese Verflechtungsordnung hat also eine Eigengesetzlichkeit. Dabei ist sie jedoch weder rational noch irrational. Nach Elias wird der Zivilisationsprozess zwar „blind in Gang gesetzt und in Gang gehalten durch die Eigendynamik eines Beziehungsgeflechts"[5], jedoch ist nicht alles vorbestimmt. In diesen Zivilisationsprozess, kann eingegriffen werden „aufgrund der Kenntnis ihrer [der Verflechtungsmechanismen] ungeplanten Gesetzmäßigkeit."[6]

Elias zeigt, dass sich in der abendländischen Gesellschaft „die gesellschaftlichen Funktionen unter einem starken Konkurrenzdruck mehr und mehr [differenzieren]."[7] Diese Ausdifferenzierung der gesellschaftlichen Funktionen bestimmt die Richtung der „Veränderung des Verhaltens im Sinne einer immer differenzierteren Regelung der gesamten, psychischen Apparatur".[8]

Diese differenzierte Regelung wird jedem einzelnen von klein auf als ein Automatismus angezüchtet, „als Selbstzwang, dessen er sich nicht erwehren kann, selbst wenn er es in seinem Bewusstsein will."[9] „Die eigentümliche Stabilität der psychischen Selbstzwang-Apparatur, die als ein entscheidender Zug im Habitus jedes »zivilisierten« Menschen hervortritt, steht mit der Ausbildung von Monopolinstituten der körperlichen Gewalttat und mit der wachsenden Stabilität der gesellschaftlichen Zentralorgane in engstem Zusammenhang."[10]

---

[2] Elias, Norbert: Über den Prozess der Zivilisation, Bd.II, S. 325.
[3] Elias, Norbert: Prozess der Zivilisation, Bd.II, S. 324.
[4] Elias, Norbert: Prozess der Zivilisation, Bd.II, S. 325.
[5] Elias, Norbert: Prozess der Zivilisation, Bd.II, S, 327.
[6] Elias, Norbert, Prozess der Zivilisation, Bd.II, S. 327.
[7] Elias, Norbert: Prozess der Zivilisation, Bd.II, S. 327.
[8] Elias, Norbert: Prozess der Zivilisation, Bd.II, S. 328.
[9] Elias, Norbert: Prozess der Zivilisation, Bd.II, S. 328.
[10] Elias, Norbert Prozess der Zivilisation, Bd.II, S. 330.

Monopolisierung und Stabilisierung führen zu „befriedeten Räumen"[11], innerhalb derer sich der Mensch immer mehr dazu zwingen muss, seinen Trieben und Affekten Einhalt zu gebieten. Von diesen befriedeten Räumen geht neben einer gewissen Sicherheit auch ein ständiger Druck aus, der den Einzelnen von klein auf an ein beständiges und genau geregeltes An-sich-Halten gewöhnt."[12]Zwar hat es früher auch Formen von Selbstzwängen gegeben, jedoch, so zeigt Norbert Elias, ist dies „ein anderer Typus von Selbstbeherrschung oder Selbstzwang"[13], einer, der weniger ausgelassen, weniger extrem in den Schwankungen ist, einer der sich auf einer mittleren Linie bewegt.

---

[11] Elias, Norbert, Prozess der Zivilisation, Bd.II, S.330.
[12] Elias, Norbert, Prozess der Zivilisation, Bd.II, S.331.
[13] Elias, Norbert, Prozess der Zivilisation, Bd.II, S.338.

Klaus Theweleit, 1942 in Ostpreußen geboren, wuchs in Schleswig-Holstein auf. Er studierte Germanistik, Anglistik und Musikwissenschaft in Kiel und Freiburg. Sein Studium schloss er 1976 mit einer Dissertation über faschistische Tendenzen in der wilhelminischen Freikorpsliteratur ab. Diese wurde 1977/78 unter dem Titel „Männerphantasien" in zwei Bänden veröffentlicht. Band 1 der „Männerphantasien" trägt den Untertitel „Frauen, Fluten, Körper, Geschichte". In ihm werden die Frauenbilder als die Männerphantasien von der Frau dargestellt. In Band 2 behandelt Theweleit den „Männerkörper" und die „Psychoanalyse des weißen Terrors". In diesem Band zeigt er männliche Gegenbilder zur „alles verschlingenden erotischen Frau" auf. Als Basis für seine Arbeit dienen Theweleit unter anderem die Tagebuchaufzeichnungen von Freikorpssoldaten. Im Mittelpunkt seiner Analyse steht das verstörte Verhältnis zwischen den Geschlechtern im Dritten Reich. Dieses Verhältnis und der sich selbst unbekannte Mann sind die Voraussetzungen für das faschistische Krankheitsbild. Während er im ersten Band den ängstigenden weiblichen Körper und im zweiten Band den unfertigen männlichen Körper behandelt, zeigt Theweleit auf, wie der menschliche Körper auf eine lebensvernichtende Realität eingestellt wurde. Hierbei spielt besonders die Kastrationsangst eine große Rolle. Immer wieder tauchen in den Aufzeichnungen soldatischer Männer kastrierte Männer auf. Diese sollen Opfer von „Flintenweibern" geworden sein, die ihre Pistole unter dem Rock hervorholten, laut Theweleit also als Frauen mit Penis gesehen wurden.[14]

Den Begriff des „soldatischen Mannes" gebraucht Theweleit anstelle des Begriffes des Faschisten. Nach Theweleit brachte nicht der Krieg oder die ökonomische Krise Nachkriegszeit den Faschisten hervor, sondern die Erziehung zum Krieg, die verfälschte Beziehung zwischen Mann und Frau.

---

[14] Theweleit, Klaus: Männerphantasien, Bd.I, S. 80.

4 Die Rolle der Frau und das Verhältnis der Geschlechter

Während in Norbert Elias Untersuchung der Entstehungsweise des bürgerlichen Menschen die Frau ein „Anhängsel der Entwicklung"[15] bleibt, begreift Klaus Theweleit das Verhältnis der Geschlechter als ein „Produktionsverhältnis"[16], in dem die Frau keinesfalls unberücksichtigt bleiben darf. Er setzt den Prozess der Entstehung des „zivilisierten Ich"[17] in Beziehung „zum Anteil, den die Frauen an ihm haben"[18]. Er betont, dass die Mitwirkung der Frauen an der Entwicklung des männlichen Ich zum Herrscher-Ich, auch wenn sie erzwungen war, maßgeblich war.

Der sich eingrenzenden mittelalterlichen Welt steht ein sich mehr und mehr begrenzendes Individuum gegenüber. Der Mann nimmt Entgrenzungen vor und wird im selben Moment selbst zu einer fest umrissenen Einheit. Er legt sich einen „Panzer" (Elias) zu. Es vollzieht sich ein langer Prozess der »Selbstdistanzierung, »Selbstkontrolle« und »Selbstbeobachtung«, eine »Dämpfung der Affekte«.[19] Norbert Elias sieht diesen Prozess der eingrenzenden Ich-Bildung untrennbar mit dem der Zentralisierung der Staatsmachten verbunden. Daraus folgt für Theweleit ein Vorgang, dem Norbert Elias keine Beachtung schenkt: eine „Tendenz zur Entgrenzung der Körper in Zeiten der gesellschaftlichen Entgrenzung und Dezentralisierung"[20]. So wurde die gelockerte gesellschaftliche Kontrolle realisiert als Möglichkeit neuer Freiheiten der Leiber. Neue Handelswege erschließen neue Lust, Gegenstände aus der Fremde enthalten die Möglichkeit neuer Gefühle.[21] In Bezug auf die Frauen hebt Theweleit zwei gegensätzliche Bewegungen hervor: „während im Laufe der Lockerungen, die aus dem Zerfall der mittelalterlichen Gesellschaft resultieren, das Bild der Maria

---

[15] Theweleit, Klaus: Männerphantasien, Bd.I, S. 311.
[16] Theweleit, Klaus: Männerphantasien, Bd.I, S. 311.
[17] Theweleit, Klaus: Männerphantasien, Bd.I, S. 311.
[18] Theweleit, Klaus: Männerphantasien, Bd.I, S. 311.
[19] Theweleit, Klaus: Männerphantasien, Bd.I. S. 311.
[20] Theweleit, Klaus: Männerphantasien, Bd.I, S. 313.
[21] Theweleit, Klaus: Männerphantasien, Bd.I, S. 314.

Muttergottes langsam dem der hohen Frau der Minneliteratur angenähert und das Bild der hohen Frau der Minne langsam durch das einer erreichbaren Geliebten ersetzt wird, wobei beide vorsichtig sexualisiert werden, beginnt gegen die wirkliche Erweiterung der sexuellen Lüste ein lang anhaltender Terror."[22] Dieser trifft zwar die Frauen der beherrschten Klasse, meint aber die Möglichkeit eines lustvollen mann/weiblichen Produktionsverhältnisses insgesamt.[23] Eine große Bedeutung hat für Klaus Theweleit die Tatsache, dass das Bürgertum im 15./16. Jahrhundert der Hexenverfolgung keinen nennenswerten Widerstand entgegengesetzt hat. Grund dafür ist seines Erachtens die Tatsache, dass die Inquisition die Ungleichheit der Beziehung zwischen Mann und Frau aufrechterhalten konnte. Dies wiederum sieht er als ein Fundament zur Beherrschbarkeit des Volkes.[24]

4.1 MONOGAMISIERUNG UND DIE SEXUALISIERUNG DER FRAU

Den Grund für die Durchsetzung der Monogamie ab dem 15. Jahrhundert sieht Theweleit nicht in den häufig angenommenen ökonomischen Gründen, sondern als Versuch, die Herrschaftsverhältnisse abzusichern. Da das System äußerer Grenzen und direkter Zwänge, das Elias in seiner Zivilisationstheorie aufzeigt, immer instabiler wird, je größer ein soziales Gebilde geworden ist, braucht es innere Grenzen, um dieses System aufrecht zu erhalten.[25] Innerhalb dieser inneren Grenzen, innerhalb der Familien wurde der „neue Bürgersohn »modelliert«. Dies übernehmen die Eltern einer Familie die sich zunehmend zur Kleinfamilie hin entwickelt.[26]
Diese Modellierung beschreibt Norbert Elias in seiner Zivilisationstheorie sehr deutlich. Ein wesentliches Merkmal hierbei ist

---

[22] Theweleit, Klaus: Männerphantasien, S. 314.
[23] Theweleit, Klaus: Männerphantasien, S. 314.
[24] Theweleit, Klaus: Männerphantasien, S. 314.
[25] Theweleit, Klaus: Männerphantasien, S. 322.
[26] Theweleit, Klaus: Männerphantasien, S. 322.

die Entwicklung der Fähigkeit Selbstdistanzierung. Diese bedeutet, dass das Individuum von seinen Affekten gespalten wird. Daneben spielt die ständige Vorverlegung der Scham- und Peinlichkeitsschwelle eine große Rolle. Dies schafft eine scharfe Trennung des Innen vom Außen des Individuums. Die Grenze zwischen dem innen und dem Außen ist die Haut, der »Panzer«.[27] Der Triebhaushalt des Kindes erhält seine Modellierung dadurch, dass die soziogenen Triebfiguren und Gewohnheiten der Eltern Treibfiguren und Gewohnheiten bei ihrem Kind auslösen. Dabei werden Verhaltensformen und Worte, die für die Eltern mit Scham- und Peinlichkeitsempfindungen belastet sind, durch ihr Verhalten und ihre Reaktionen sehr bald auch für ihre Kinder belastet.[28]

Bis zur Mitte des 17. Jahrhunderts war dieser Prozess der Durchsetzung der Monogamie gekoppelt an einen anderen Prozess: den der Entsexualisierung der betroffenen Menschen. Die Nähe von Mann und Frau wurde durch eine emotionale Distanzierung der beiden begleitet. Das Verhältnis von Mann und Frau musste also verändert werden – das Zusammenleben mit der Einzigen musste für den Mann attraktiver werden.

Während Norbert Elias der höfischen Gesellschaft des 17. und 18. Jahrhunderts attestiert, dass in ihr die Herrschaft des Mannes über die Frau nahezu vollkommen gebrochen sei und die sozial Stärke der Frau annähernd so groß sei wie die ihres Mannes,[29] kann Theweleit dies nur für das „Recht zum Seitensprung und auf gewisse Tätigkeiten in einem Raum, den Elias als den der »gesellschaftlichen Meinung« bezeichnet"[30], nachvollziehen. Vielmehr übergeht Elias seiner Meinung nach schweigend, dass Frauen „aus allen anderen Bereichen der gesellschaftlichen Produktion [...] weiter ausgeschlossen bleiben."[31] Hier wird deutlich, dass Klaus Theweleit anders als Norbert Elias das Verhältnis der Geschlechter als ein Produktionsverhältnis erkennt, für das der Anteil der Frau sehr wichtig ist.

---

[27] Theweleit, Klaus: Männerphantasien, S. 322.
[28] Elias, Norbert: Prozess der Zivilisation, Bd.I, S. 353.
[29] Elias, Norbert: Prozess der Zivilisation, Bd.I, S. 345.
[30] Theweleit, Klaus: Männerphantasien, Bd.I, S. 345.
[31] Theweleit, Klaus: Männerphantasien, Bd.I, S. 345.

Im 18. Jahrhundert stoppt die Monogamisierung und Entsexualisierung der bürgerlichen Frau. Parallel dazu verläuft eine weitere Entwicklung: die absolutistischen Höfe verlieren allmählich ihre Exklusivität, Geldbürger, Künstler, höhere Beamte werden an kleineren Höfen heimisch. Das führt dazu, dass viele bürgerliche Frauen in Konkurrenz zu adligen Frauen treten. Schauplatz dieses Konkurrenzkampfes ist ihre Sexualität. Dies führt dazu, dass sich die bürgerliche Frau der adligen Frau, die längst eine »freiere« Sexualität erlangt hat, annähert.[32] „Der neu entstehende gesellschaftliche, wissenschaftliche, politische Öffentlichkeitsraum wird mit sexualisierter Weiblichkeit codiert.“[33]

Dies sieht Theweleit nicht als Freiheit der Frauen an, sondern bezeichnet diese Entwicklung als „Prozess gegen die Aufklärung“[34], da er von einem doppelten Opfer der Frauen lebt: zum einen prostituiert der absolutistische Adel seine Frauen und senkt sie in den Bereich des Phallus des bürgerlichen Mannes, zum anderen betreiben Bürgerliche eine sexuelle Pädagogik, in der sie ihren Töchtern beibringen, dass ihre Reize für einen gewöhnlichen Mann zu schade seien, und sie stattdessen einmal einen höheren Mann heiraten sollen. Damit helfen sie, den Körper ihrer Töchter zu verkaufen, um gesellschaftlich aufzusteigen.[35]

In dem Verhältnis der Geschlechter, das durch diese Entwicklung produziert wurde, dienen die Sexualität als Marktwert, die Liebe als Technik, Installierung des Liebhaberwesens als logische Folge der Beziehungslosigkeit der Verehelichten.[36]

In diesem System werden nicht nur die niederen Frauen zu Prostituierten der Männer der herrschenden Klasse, sondern umgekehrt opferten „Götter ihre Frauen, um an der Macht zu bleiben.“[37]

---

[32] Theweleit, Klaus: Männerphantasien, S. 347.
[33] Theweleit, Klaus: Männerphantasien, S. 347.
[34] Theweleit, Klaus: Männerphantasien, S. 357.
[35] Theweleit, Klaus: Männerphantasien, S. 357/58.
[36] Theweleit, Klaus: Männerphantasien, S. 358.
[37] Theweleit, Klaus: Männerphantasien, S. 383.

Klaus Theweleit sieht das Verhältnis der Geschlechter anders als Norbert Elias als ein Produktionsverhältnis, in welchem der Anteil der Frau auf keinen Fall unberücksichtigt bleiben darf. Seines Erachtens ist die Entwicklung des männlichen Ichs zum Herrscher-Ich nicht möglich gewesen ohne die (erzwungene) Mitwirkung des weiblichen Geschlechts.

Theweleit zeigt detailliert auf, wie die Beziehung des Mannes zur Frau sich über die Jahrhunderte veränderte, wie sie zunächst monogamisiert und entsexualisiert wurde. Und wie später die Frau sexualisiert wurde und dabei sowohl die höfische Frau als auch die bürgerliche Frau prostituiert wurden. Die höfische Frau, die von ihrem Mann zwecks Machterhaltung an den niedrigeren Mann „gegeben" wurde und die bürgerliche Frau, die von ihren Eltern zum Zwecke des gesellschaftlichen Aufstiegs an den höheren Mann gegeben wurde.

Dies ist bei Theweleit ein wichtiger Punkt, während bei Elias die Frau nicht eine dermaßen wichtige Rolle einnimmt. Norbert Elias sieht die Frau als „Anhängsel", er betrachtet sie nicht getrennt vom Mann. Er hat eine ganz andere Sichtweise auf das Verhältnis der Geschlechter zueinander als Klaus Theweleit, der die Produktivkraft der Frau in den Vordergrund stellt. Deutlich wird dies, wenn Norbert Elias im Gegensatz zu Klaus Theweleit der Frau des 17./18. Jahrhunderts eine soziale Stärke attestiert, die der des Mannes nahezu ebenbürtig ist.

Elias, Norbert: Über den Prozess der Zivilisation. Soziogenetische und psychogenetische Untersuchungen. Band I und II, Amsterdam 1997.

Theweleit, Klaus: Männerphantasien, Band I und II, Frankfurt a.M., 2005[3].